蒸すからおいしい 米粉のパンとケーキ

小麦粉、卵、乳製品、白砂糖なし

今井ようこ

山と渓谷社

はじめに

パン＝焼く、というイメージですが、蒸してもおいしい。
むしろ、身体にやさしいかも？
そんな会話から、この本づくりはスタートしました。
パンもケーキも焼くのではなく蒸す。パンの発酵も蒸し器で！
そんなミニマムなレシピが完成しました。

≫ シンプルな工程だから作りやすい

「蒸すパン」は、材料を混ぜて型に流したら、
蒸し器でドライイーストを発酵させ、そのまま蒸し上げるだけ。
たったの３ステップなので、慣れると本当にあっという間に完成します。
「蒸すケーキ」は、発酵がいらないベーキングパウダーを使います。
材料をそろえて、生地を混ぜて型に流し、蒸し器にのせるだけ。
こちらもすぐに作って仕上げられるシンプルな工程です。

≫ ふんわり、しっとり、もっちりの新食感

蒸し器で「蒸す」という調理法は、
オーブンで「焼く」のと同じで小さな庫内で熱を入れます。
ヒーターの熱で「焼く」オーブンと違い、
「蒸す」ほうは熱を上昇させる軽やかな熱の入れ方です。
蒸しているからこそ、米粉という素材との相性から
「ふんわり」「しっとり」「もっちり」、ちょっと後引く新食感になります。

≫ 米粉をはじめ、植物性の素材だけを使用

米粉の特性からパンは成形をすることができません。
けれども、米粉はだまにならず、ふるう手間もありません。
とある素材を入れると成形も可能なようですが、
「そのまま食することができるもの以外、できる限り身体に入れたくないな」
という考えから、型や容器に入れて作るレシピにしています。
米粉の本来持つ甘みやおいしさを生かして、
材料には、卵、乳製品、白砂糖を一切加えず、植物性のものだけ。
アレルギーに悩む方、グルテンフリーの方にもうれしい
身体にやさしいパンとケーキに仕上げています。

「蒸す」って、じつは手軽でヘルシーな調理法です。
「蒸す」という調理法だからこそ、毎日の食事やデザート、日々のおやつに、
すっと身体に馴染む日があると思います。
ぜひ、みなさんの日々の暮らしに「蒸すパン」「蒸すケーキ」を取り入れて、
楽しんでいただけたら幸いです。

今井ようこ

CONTENTS

CHAPTER 1 蒸す米粉のパン

CHAPTER 2　蒸す米粉のケーキ

この本の
使い方

＊計量単位は1カップ＝200cc、大さじ1＝15cc、小さじ1＝5ccです（cc＝mℓ）。

＊蒸篭・蒸し器は、この本で使用する型が入るものを使用してください。

押さえておきたい「蒸す」ポイント

イーストの発酵から完成まで、
蒸篭または蒸し器ひとつでできる蒸すパン。
蒸し上げて完成する蒸すケーキ。
レシピに共通する蒸し方のポイントをまとめました。

パンを発酵させるとき
庫内の温度は40〜45℃を保つ。

　蒸すパンにはイーストを発酵させる工程があります。庫内の温度は40〜45℃が目安。60℃を超えるとイーストが死んでしまうので、温度計ではかりましょう。途中、温度が下がってしまったら、再度ガスの火をつけて温度を保ちます。

　庫内の温度が40〜45℃でも、鍋底は直火の熱が伝わりやすいので、乾いた布巾を一枚敷いておきます。

　夏場など気温が上がる時期は、蒸篭（蒸し器）に入れずにラップをかけて常温で発酵させることも可能。その時期の気温（室温）によって調整します。

蒸篭下の
お鍋・蒸し器のお湯はたっぷりと。

　蒸し時間は蒸すパンで20〜25分、蒸すケーキで30〜50分かかります。途中で空焚きしないように、蒸篭下の鍋や蒸し器には、たっぷりお湯を入れてください。途中で蓋を開けてお湯を足すと、庫内の温度が下がり、蒸し時間に支障をきたします。

蒸し上がるまで
中〜強火の火加減を保つ。

　蒸し時間の表記は蒸篭下の鍋や蒸し器のお湯が沸騰してからの時間です。蒸気が出ていることを確認して、タイマーを入れましょう。火加減は中〜強火で、蒸気が常に上がっている状態をキープします。

　蒸し上がったパンやケーキを取り出すときは、やけどに注意しましょう。火を止めて蒸篭や蒸し器の蓋を横にし、奥の方に湯気の熱を逃します。そして、蒸し器を火からはずしてから取り出します。

竹串を刺して蒸し上がりを確認。

　蒸し時間は目安ですので、竹串を刺して確認しましょう。湿った生地が付いてこなければ完成です。

食べごろと 保存方法について

米粉の蒸すパン、蒸すケーキには食べごろがあります。
また、添加物を入れないで作る米粉のパン、ケーキには、
乾燥しやすいという特性も。
米粉の個性を知って、おいしくいただきましょう。

生地が落ち着き、 よい頃合いになるまで待つ。

　蒸すパン、蒸すケーキともに蒸し立ての生地は、モチモチっとしてやわらかめ。お好みはありますが、蒸し上がって40分〜1時間ぐらい経った頃、生地を触ると冷めたかな、と感じるくらいが食べごろです。生地が落ちつき、ナイフがスッと入って切り分けしやすくなります。しっとりと弾力がある、新食感の蒸すパン、蒸すケーキが味わえます。

保存は常温、冷蔵、冷凍OK。 蒸し直して食べて。

　蒸すパン、蒸すケーキともに、冬場は常温2〜3日、夏場は冷蔵で3〜4日、冷凍で1ヶ月程度の保存が可能。米粉なので、お餅や餅菓子と同様に乾燥しやすく、翌日以降は生地の表面がだんだんとかたくなる特性があります。ポイントは生地が冷めてから、空気に触れないようにラップでしっかりと包んでおくこと。冷凍する場合は、1枚ずつスライスしてラップで包み、保存容器か保存袋に入れて冷凍庫へ。食べるときは蒸籠か蒸し器で蒸し直すか、電子レンジで加熱（冷凍解凍でもよい）して、冷めてから食べてください。

蒸し直しの目安（スライス1枚）
- 蒸籠、蒸し器／5〜10分蒸す
- 電子レンジ（500W）／50〜60秒前後
　（足りないときは10秒ずつ追加する）

（ 材 料 に つ い て ）

米粉

米を製粉した米粉は、米が持つ自然な甘みがあり、パンやケーキの材料にすると新しい味わいや食感が楽しめます。小麦と違いグルテンがないので、生地をふるう手間もいらず、かき混ぜて使うことができます。また、小麦アレルギーの方も安心して食べることができるうれしい食材です。米粉はパン作り用、お菓子作り用、料理用と数種類あります。本書のパンは製パン用、ケーキは製菓用を使用しています。

「cotta パン用米粉ミズホチカラ」「cotta 菓子用米粉新潟産」

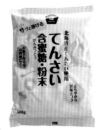

甜菜糖

まろやかな甘さで風味とコクがある甜菜糖を使用します。さとうきびから作るきび砂糖でも代用できます。

「てんさい含蜜糖・粉末」

ドライイースト

蒸すパンにはイーストが必要です。天然酵母でありながら、種起こしも予備発酵も不要で、発酵力の強いイーストを使用。「サラ秋田白神 白神こだま酵母」

ベーキングパウダー

蒸すケーキには生地を膨らませるベーキングパウダーを使います。アルミニウムフリーのものがおすすめです。

「ラムフォード ベーキングパウダー」

自然塩

塩は米粉の甘みや旨みを引き出す役割をします。精製されたものではなく、ミネラルが豊富な自然塩を選びましょう。

「ゲランドの塩」

豆乳

牛乳の代わりに、大豆をすりつぶして水で煮詰めた豆乳を使用。本書では糖類を加えていない無調整のものを使用しています。「マルサン 有機無調整豆乳」

米油

油を加えると生地がふんわりとして、乾燥を防いでくれます。香りや味にクセがない米油がおすすめ。太白ごま油、菜種油でも代用可能。「ボーソー油脂 米油」

片栗粉

蒸すケーキは米粉だけでなく片栗粉を組み合わせると、生地がふんわりとします。コーンスターチでも代用可能。

「北海道産片栗粉」

この本では卵、乳製品、白砂糖を使わずに、身体にやさしい無添加の食品をおすすめしています。蒸すパン、蒸すケーキの基本材料を中心にご紹介します。

甘みづけ

甜菜糖を基本としていますが、メープルシロップ、黒糖、甘酒なども、甘みづけにひと役買ってくれます。
「ムソー オーガニックメープルシロップ」
「国菊有機米あまざけ」

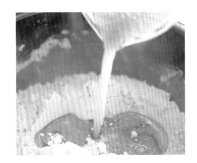

プラス食材

粉類

生地にコクやしっとり感を出したいとき、風味替えしたいときにアーモンドプードル、オートミール、ココアパウダーなどが活躍します。
「cotta 生アーモンドパウダー」
「cotta オーツパウダー」
「アリサン 有機オートミール」
「アリサン 有機ココアパウダー」

ナッツ・ドライフルーツ類

ナッツは歯ごたえやコクがあり、栄養価が豊富。ドライフルーツは自然な甘みを補い、糖分を減らすことができます。どちらの食材も、味や食感のアクセントになります。
「アリサン くるみ生」
「アリサン ピーナッツバタークランチ」
「アリサン 有機レーズン」
「ナチュラルキッチン オーガニックドライアプリコット」
「ネクタフロー ソフトフルーツ（いちじく）」

ハーブ

味や香りに奥行きを出したいときはハーブ類が大活躍。パウダースパイス、シードスパイス、ときにはフレッシュハーブも使います。
「アリサン オレガノ」
「アリサン キャラウェイシード」

道具について

蒸籠（せいろ）&受け台

蒸籠は木や竹など天然素材で作られた昔ながらの蒸し器。蒸籠を使った料理は、仕上がりがふっくらとしておいしさも増すといわれています。蒸籠の蓋は編み込みなので、蒸気が逃げ、水滴がたれにくい点もメリット。蒸すパン、蒸すケーキ作りにも適しています。蒸籠は鍋付きもありますが、受け台（写真右）を挟めば手持ちの鍋が使えます。蒸籠のお手入れは意外にも楽。それほど汚れが付いていなければ、お湯で湿らせた布で拭き、風通しのよいところに立てかけて乾燥させます。本書では直径27cmサイズを使用しています。

ボウル

生地を混ぜたり、ドライフルーツなど乾物を戻したり、何かと使うボウルは丈夫なステンレス製を。サイズ違いで2タイプ用意します。

泡立て器

生地や液体を混ぜ合わせるときに使います。泡だて部分の膨らみがあり、持ち手が持ちやすいものを選びましょう。

ゴムベラ

生地を混ぜたり、ボウルの生地をかき集めたり、曲線の作業に便利なゴムベラ。大小と2種類、揃えておくと便利です。

温度計

蒸籠や鍋でパンの生地を発酵させるとき、庫内の温度を温度計ではかります。パン作り初心者の方は必須アイテムといえます。

計量スプーン&計量カップ

計量スプーンは15cc（大さじ1）、5cc（小さじ1）。計量カップは200〜250cc（1カップ）がはかれるもの。素材、形などはお好みで。

蒸すパン、蒸すケーキともに工程はとてもシンプル。生地を混ぜるときに使う道具、蒸すときの道具、プラス材料をはかるスケールなどがあればOK。少ない道具でパン、ケーキ作りが始められます。

電子スケール

0.1〜1mg単位で表示できるもの、1mg〜2kgまではかれるものなどさまざま。パン、ケーキ作りには0.1mg単位ではかれるものがあると便利（写真）。ボウルをのせて0gにセットし、材料を次々と入れて計量していきます。

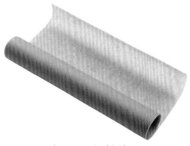

オーブンシート（紙）

型に敷き込む紙はオーブンシートを使用。ロール状になっているものを用意し、型に合わせた大きさに切って使います。

型

本書では、パウンド型ほか数種類の型を使用しています。型のサイズは多少の違いがあっても、できあがりに問題はありません。●パウンド型（縦15×横7.5×高さ6cm）　●スクエア型（縦15×横15×高さ6cm／縦12×横12×高さ6cm）　●丸型（直径12×高さ6cm）　●ボウル（直径15cm）　●プリン型（直径7.5〔5〕×高さ4cm）　●耐熱ガラスカップ（直径5.6×高さ7cm）

蒸籠の代わりに、蒸し器や鍋もOK

蓋付きの一般的な蒸し器（写真左）、鍋と折りたたみ式蒸し器（写真右）でも、蒸すパン、蒸すケーキを作ることができます。この本で紹介している「型」が入る蒸し器、鍋のサイズを選んでください。蒸す前に、蒸したことで生まれる水滴が生地に混入しないように、蓋に布巾をしっかりとかぶせて結んでおきます。

型に敷く紙の作り方

生地が型にくっつかないように、型には紙を敷きます。
ロールタイプのオーブンシートなどで作りましょう。

パウンド型

スクエア型

型から1.5cmぐらいはみ出して紙を切る。

型の四隅を折って印をつける。

印をつけた四隅に向かい、斜めに切り込みを入れる。

紙の四隅を折りたたんで型に敷き込む。　＊スクエア型も同様。

丸型

紙に丸型の底を置き、ハサミなどで印をつける。

印にそって紙を切る。

丸型の底に敷く。

丸型の高さ＋1.5cm程の長さに紙を切り、型の側面に敷く。

ボウル

ボウルから少しはみ出させて紙を切り、両手で押さえるようにして敷く。

プリン型

グラシンケースを敷く。

耐熱ガラスカップ

カップの底の大きさに合わせて紙を切り、カップの底に敷く。

蒸す
米粉のパン

米粉と**米油**と**ドライイースト**と。

シンプルな材料で作る、米粉100%の蒸すパン。

作り方もカンタン。

STEP

①

混ぜる

STEP

②

イーストを発酵させる

STEP

③

蒸す

3ステップでできる、

うれしいレシピです。

基本のプレーンパン

和食のおかず、中華のお惣菜、どんな料理ともあう
もちっと美味しい、真っ白なパン。

基本のプレーンパンの **POINT** はすべてのレシピに共通します。

パウンド型（縦15×横7.5×高さ6cm）

A ┌ 米粉……220g
　├ 甜菜糖……20g
　└ 塩……3g

ドライイースト……2.5～3g
ぬるま湯（35～40℃）……160cc＋α
米油……大さじ1

POINT 蒸すパンの場合、イーストは糖を餌にするため、甜菜糖などの糖分が多すぎると過発酵になる可能性があります。レシピ通りに計量しましょう。

準 備

パウンド型に紙を敷いておく。（紙の敷き方はP.12参照）

蒸篭（蒸し器）の底に布巾を敷いておく。

鍋に湯を沸かし、蒸篭をのせ、庫内を40～45℃の温かい状態にしておく。

POINT
手を入れて温かい状態が目安。慣れるまで温度計を使う。

ドライイーストについて

どんなドライイーストでもOK。今回は白神こだま酵母を使用。白神こだま酵母は、分量内のお湯から10cc程で溶かし、5～10分置く。粉のまま使えるドライイーストを使用する場合は、材料Aの粉類に加えてよい。

STEP ①

混ぜる

Aの粉類をボウルに入れて均一に混ぜる。

イースト、ぬるま湯、米油を加えてよく混ぜ、とろっとするまでなめらかにする。生地がかたいようなら、ぬるま湯を少し足す。

POINT ぬるま湯は冷めていないか確認し、冷めていたら35～40℃に温めて少し足す。夏場は低め、冬場は高めにするとよい。

POINT 混ぜすぎると生地がかたくなるので注意する。

STEP ②

イーストを発酵させる

生地を型に流し入れ、40～45℃に温まった蒸篭の中に入れる。

40～45℃の庫内で30～40分、型の淵まで膨らんだ状態になるまで発酵させる。

POINT 途中、蓋を開けて蒸篭の中が冷めているようなら火をつける。再び温まったら火を止め、発酵を続ける。

POINT 夏場など暖かい時期は、蒸篭に入れずにラップをかけて常温で発酵も可能。（▶P.6参照）

POINT 発酵時間は最低でも30分かける。発酵時間が短すぎるとイースト臭が残ってしまうため。

蒸 す

火にかけて、そのまま20〜25分蒸す。写真は蒸し上がり。

POINT 蒸し上がるまで火加減は中〜強火を保つ。(▶P.6参照)

POINT 竹串で刺して、生地がついてこなければOK。生地がついてきたら、蒸し時間をのばす。

型から外して網の上におき、冷ます。

POINT 生地を触ると冷めたかな、と感じるくらいが食べごろ。(▶P.7参照)

POINT 保存するときはラップでしっかりと包む。常温、冷蔵、冷凍で保存可能。冷凍した場合は蒸し直し(5〜10分)、または電子レンジ(500W)で50〜60秒／1枚加熱する。(▶P.7参照)

プレーンパンと甘いソース

ベリージャムと豆乳ヨーグルトをのせると、とびきりスイーツ感のある1品になります。

ベリージャム

冷凍のベリーを煮詰めるだけ。甘ずっぱくてさわやかなジャム。

材料

冷凍ミックスベリー……100g
甜菜糖……30g
レモン汁……小さじ2

作り方

材料を小鍋に入れて火にかけ、弱火でとろりとするまで煮詰める。冷蔵庫で10日保存が可能。

豆乳ヨーグルトクリーム

酸味の少ない豆乳ヨーグルトをメープルシロップで風味づけ。

材料

豆乳ヨーグルト……200g
甜菜糖……大さじ½
メープルシロップ……大さじ½
レモンのすりおろし……適量

作り方

ザルにキッチンペーパーを敷き、ヨーグルトをのせて、半量になるまで水切りをする。甜菜糖、メープルシロップを加えて混ぜる。冷蔵庫で4〜5日存が可能。

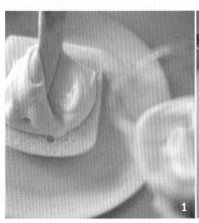

1　　　　　　　　2　　　　　　　　3

ベリージャムと豆乳ヨーグルトクリームのせオープンサンド

作り方

1. お皿にプレーンパンをのせ、ヨーグルトクリームをぬる。
2. ベリージャムをかける。
3. あれば、レモンのすりおろしをかける。

ハーブパン

ローズマリーを混ぜ込んだ
香り豊かなハーブの食パン。

材料

パウンド型（縦15×横7.5×高さ6cm）

A ┌ 米粉……220g
   │ 甜菜糖……20g
   └ 塩……3g

ドライイースト……2.5〜3g

ぬるま湯（35〜40℃）……160cc＋α

米油……大さじ1

エルブドプロヴァンス、
    ローズマリー等……大さじ2

準備

● 型に紙を敷いておく。

● 鍋に湯を沸かし、蒸篭をの
せ、40〜45℃の温かい状
態にしておく。布巾を敷い
ておく。

● 白神こだま酵母は、分量内
のぬるま湯から10cc程で
溶かす（粉のまま使えるドラ
イイーストは材料Aの粉類
に加えてよい）。

[作り方]

❶ Aをボウルに入れて、ゴムベラで均一に混ぜる。ハーブも入れ、イースト、ぬるま湯、
米油を加えてよく混ぜ、とろっとした状態までなめらかにする。かたいようなら、
ぬるま湯を少し足す。

❷ 型に流し入れ、蒸篭の中に入れる。30〜40分、型の淵まで膨らんだ状態になる
まで発酵させる。
POINT 途中、蓋を開けて蒸篭の中が冷めているようなら火をつけて沸かす。温まった
ら火を止め、発酵を続ける。

❸ 型の淵まで発酵したら火にかけ、そのまま25〜30分蒸す。
POINT 竹串で刺して、生地がついてこなければOK。

型から外して網の上におき、冷ます。

甘酒パン

甘酒の香りがふわっ。
ほんのり甘くてやさしい味。

材料	パウンド型（縦15×横7.5×高さ6cm）

A
- 米粉……220g
- 甜菜糖……10g
- 塩……3g

ドライイースト……2.5〜3g
甘酒……200g
米油……大さじ1

準備

- 型に紙を敷いておく。
- 鍋に湯を沸かし、蒸篭をのせ、40〜45℃の温かい状態にしておく。布巾を敷いておく。
- 甘酒は温めて35〜40℃にする。
- 白神こだま酵母は、35〜40℃のぬるま湯10cc程で溶かす（粉のまま使えるドライイーストは材料Aの粉類に加えてよい）。

作り方

① Aをボウルに入れて、ゴムベラで均一に混ぜ、イースト、甘酒、米油を加える。よく混ぜ、とろっとした状態までなめらかにする。かたいようなら、甘酒またはぬるま湯（35〜40℃）を少し足す。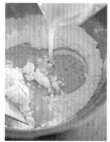

② 型に流し入れ、蒸篭に入れる。30〜40分、型の淵まで膨らんだ状態になるまで発酵させる。
POINT 途中、蓋を開けて蒸篭の中が冷めているようなら火をつけて沸かす。温まったら火を止め、発酵を続ける。

③ 型の淵まで発酵したら火にかけ、そのまま20〜25分蒸す。
POINT 竹串で刺して、生地がついてこなければOK。
型から外して網の上におき、冷ます。

きなこパン

きなこの香ばしさと
黒糖のコクを味わいたい。

材料	パウンド型（縦15×横7.5×高さ6cm）

A
- 米粉……190g
- きなこ……35g
- 黒糖……30g
- 塩……3g

ドライイースト……2.5〜3g
ぬるま湯（35〜40℃）……180cc＋α
米油……大さじ1

準備

- 型に紙を敷いておく。
- 鍋に湯を沸かし、蒸篭をのせ、40〜45℃の温かい状態にしておく。布巾を敷いておく。
- 白神こだま酵母は、分量内のぬるま湯から10cc程で溶かす（粉のまま使えるドライイーストは材料Aの粉類に加えてよい）。

作り方

① Aをボウルに入れて、ゴムベラで均一に混ぜる。

イースト、ぬるま湯、米油を加えてよく混ぜ、とろっとした状態までなめらかにする。かたいようなら、ぬるま湯を少し足す。

② 型に流し入れ、蒸篭に入れる。30〜40分、型の淵まで膨らんだ状態になるまで発酵させる。
POINT 途中、蓋を開けて蒸篭の中が冷めているようなら火をつけて沸かす。温まったら火を止め、発酵を続ける。

③ 型の淵まで発酵したら火にかけ、そのまま20〜25分蒸す。
POINT 竹串で刺して、生地がついてこなければOK。
型から外して網の上におき、冷ます。

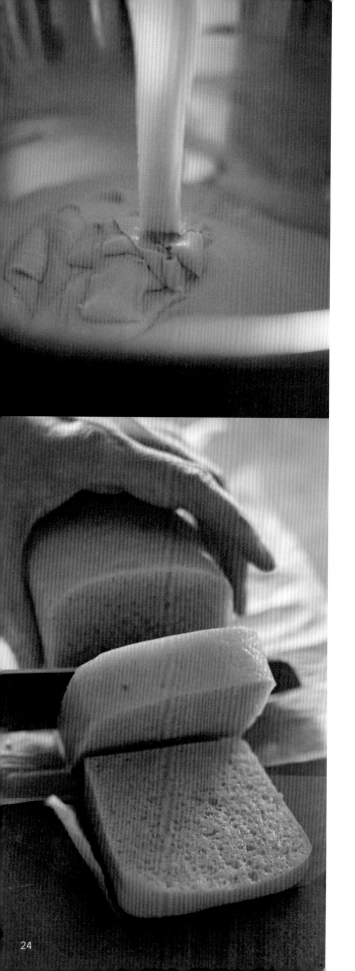

にんじんパン

オレンジ色が食欲をそそる、
野菜ジュースのパン。

材料 パウンド型（縦15×横7.5×高さ6cm）

A
- 米粉……220g
- 甜菜糖……20g
- 塩……3g

ドライイースト……2.5〜3g
にんじんジュース……180g
米油……大さじ1

準備

● 型に紙を敷いておく。

● 鍋に湯を沸かし、蒸篭をのせ、40〜45℃の
温かい状態にしておく。布巾を敷いておく。

● にんじんジュースは温めて35〜40℃にする。

● 白神こだま酵母は、35〜40℃のぬるま湯10
cc程で溶かす。（粉のまま使えるドライイースト
は材料Aの粉類に加えてよい）。

作り方

① Aをボウルに入れて、ゴムベラで均一に混ぜ
る。イースト、にんじんジュース、米油を加え
る。よく混ぜ、とろっとした状態までなめら
かにする。かたいようなら、にんじんジュー
スまたはぬるま湯（35〜40℃）を少し足す。

② 型に流し入れ、蒸篭の中に入れる。30〜40
分、型の淵まで膨らんだ状態になるまで発
酵させる。
POINT 途中、蓋を開けて蒸篭の中が冷めて
いるようなら火をつけて沸かす。温まったら火を
止め、発酵を続ける。

③ 型の淵まで発酵したら火にかけ、そのまま
20〜25分蒸す。
POINT 竹串で刺し、生地がつかなければOK。
型から外して網の上におき、冷ます。

シードミックス
パン

雑穀のつぶつぶ。
食物繊維がたっぷりで、ヘルシー。

材料 パウンド型（縦15×横7.5×高さ6cm）

A ┌ 米粉……220g
  │ 甜菜糖……15g
  └ 塩……3g
ドライイースト……2.5〜3g
ぬるま湯（35〜40℃）……160cc＋α
米油……大さじ1
ひまわりの種……大さじ1
カボチャの種……大さじ1
フラックスシード※……小さじ2
白ごま、黒ごま……各小さじ2
※フラックスシードの別名は「アマニ」。ごまに似た形で
栄養価が高い。

準備

● 型に紙を敷いておく。

● 鍋に湯を沸かし、蒸篭をのせ、40〜45℃の
  温かい状態にしておく。布巾を敷いておく。

● 白神こだま酵母は、分量内のぬるま湯から10
  cc程で溶かす（粉のまま使えるドライイースト
  は材料Aの粉類に加えてよい）。

作り方

① Aをボウルに入れて、ゴムベラで均一に混ぜ
  る。イースト、ぬるま湯、米油を加えてよく混
  ぜ、とろっとした状態までなめらかにする。
  シード類も加えてよく混ぜる。 かたいよう
  なら、ぬるま湯を少し足す。

② 型に流し入れ、蒸篭の中に入れる。30〜40
  分、型の淵まで膨らんだ状態になるまで発
  酵させる。
  POINT 途中、蓋を開けて蒸篭の中が冷めて
  いるようなら火をつけて沸かす。温まったら火を
  止め、発酵を続ける。

③ 型の淵まで発酵したら火にかけ、そのまま
  20〜25分蒸す。
  POINT 竹串で刺し、生地がつかなければOK。
  型から外して網の上におき、冷ます。

オートミールパン

粉状のオートミールにつぶつぶタイプを加えてふっくら蒸し上げる。

材料

パウンド型（縦15×横7.5×高さ6cm）

A ┌ 米粉……180g
  │ オートミール粉……30g
  │ オートミール……大さじ3
  │ 甜菜糖……20g
  └ 塩……3g
ドライイースト……2.5〜3g
ぬるま湯（35〜40℃）……175cc＋α
米油……大さじ1

準備

● 型に紙を敷いておく。

● 鍋に湯を沸かし、蒸篭をのせ、40〜45℃の温かい状態にしておく。布巾を敷いておく。

● 白神こだま酵母は、分量内のぬるま湯から10cc程で溶かす（粉のまま使えるドライイーストは材料Aの粉類に加えてよい）。

作り方

❶ Aをボウルに入れて、ゴムベラで均一に混ぜる。イースト、ぬるま湯、米油を加えてよく混ぜ、とろっとした状態までなめらかにする。かたいようなら、ぬるま湯を少し足す。

❷ 型に流し入れ、蒸篭の中に入れる。30〜40分、型の淵まで膨らんだ状態になるまで発酵させる。
POINT▶ 途中、蓋を開けて蒸篭の中が冷めているようなら火をつけて沸かす。温まったら火を止め、発酵を続ける。

❸ 型の淵まで発酵したら火にかけ、そのまま25〜30分蒸す。
POINT▶ 竹串で刺して、生地がついてこなければOK。
型から外して網の上におき、冷ます。

オートミールパンと甘いソース

キャラメルナッツクリームとバナナがたっぷり。デザート級にデリシャス！

キャラメルナッツクリーム

甜菜糖とメープルシロップを煮詰めてナッツとミックス。

材料

甜菜糖……40g
メープルシロップ……大さじ2
豆乳……大さじ3
ココナッツミルク……大さじ2
クルミ、ヘーゼルナッツ、
アーモンド等……35g

作り方

ナッツ以外の材料を小鍋に入れ、沸騰したら弱火で10分程度、とろりとするまで煮詰める。冷めてかたいようなら、豆乳を足して伸ばす。やわらかければ再度煮詰める。ローストしたナッツとあえる。冷蔵庫で1か月保存が可能。

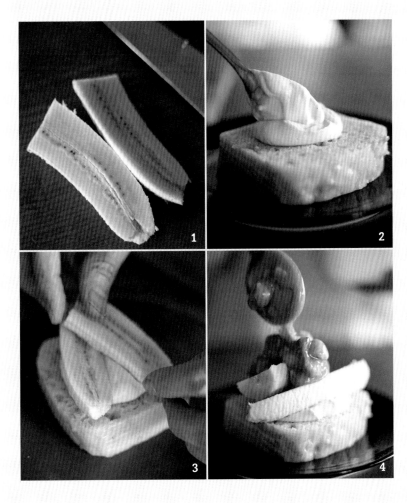

キャラメルナッツクリームのバナナオープンサンド

作り方

1. バナナ½本を縦に切る。
2. お皿にオートミールパンをのせ、豆乳ヨーグルトクリーム（P.19）をぬる。
3. バナナをのせる。
4. キャラメルナッツクリームをかける。

トウモロコシのパン

蒸すパンとモチっとしたトウモロコシは好相性。

材料

スクエア型（縦15×横15×高さ6㎝）

A
- 米粉……300g
- コーングリッツ※……30g
- 甜菜糖……30g
- 塩……4.5g

ドライイースト……4g

ぬるま湯（35〜40℃）……240cc＋α

米油……大さじ1½

トウモロコシ（缶詰）……90g

※トウモロコシの皮と胚芽を取りのぞいた胚乳を粗くひいたもの。

準備

- 型に紙を敷いておく。
- 鍋に湯を沸かし、蒸篭をのせ、40〜45℃の温かい状態にしておく。布巾を敷いておく。
- 白神こだま酵母は、分量内のぬるま湯から12cc程で溶かす（粉のまま使えるドライイーストは材料Aの粉類に加えてよい）。
- トウモロコシの水気をよく切っておく。▶

❶ Aををボウルに入れて、ゴムベラで均一に混ぜる。イースト、ぬるま湯、米油を加えてよく混ぜ、とろっとした状態までなめらかにする。トウモロコシを混ぜる。かたいようなら、ぬるま湯を少し足す。

❷ 型に流し入れ、蒸篭に入れる。30〜40分、型の淵まで膨らんだ状態になるまで発酵させる。
POINT 途中、蓋を開けて蒸篭の中が冷めているようなら火をつけて沸かす。温まったら火を止め、発酵を続ける。

❸ 型の淵まで発酵したら火にかけ、そのまま20〜25分蒸す。
POINT 竹串で刺して、生地がついてこなければOK。

型から外して網の上におき、冷ます。

レーズンパン

レーズンをたっぷり混ぜこんだ、
デイリーパン。

材料 スクエア型（縦15×横15×高さ6cm）

A
- 米粉……330g
- 甜菜糖……30g
- 塩……4.5g

ドライイースト……4g
ぬるま湯（35〜40℃）……240cc＋α
米油……大さじ 1½
レーズン……50g

準備

●型に紙を敷いておく。

●鍋に湯を沸かし、蒸篭をのせ、40〜45℃の温かい状態にしておく。布巾を敷いておく。

●レーズンはふやかして水気をよく拭く。

●白神こだま酵母は、分量内のぬるま湯から12cc程で溶かす（粉のまま使えるドライイーストは材料Aの粉類に加えてよい）。

作り方

❶ Aをボウルに入れて、ゴムベラで均一に混ぜる。イースト、ぬるま湯、米油を加えてよく混ぜ、とろっとした状態までなめらかにする。レーズンを加え混ぜる。かたいようなら、ぬるま湯を少し足す。

❷ 型に流し入れ、蒸篭に入れる。40〜50分、型の淵まで膨らんだ状態になるまで発酵させる。
POINT 途中、蓋を開けて蒸篭の中が冷めているようなら火をつけて沸かす。温まったら火を止め、発酵を続ける。

❸ 型の淵まで発酵したら火にかけ、そのまま30〜40分蒸す。
POINT 竹串で刺し、生地がつかなければOK。
型から外して網の上におき、あればレーズンを飾り冷ます。

クルミと栗のパン

シナモン風味の生地に
クルミと栗をたっぷりと。
甘さ控えめのデザートパン。

材料 プリン型（直径7.5〔5〕×高さ4cm）6個分

A
- 米粉……220g
- 甜菜糖……25g
- シナモン……小さじ ½
- 塩……3g

ドライイースト……2.5〜3g
ぬるま湯（35〜40℃）……160cc＋α
米油……大さじ1
クルミ……30g
甘栗……60g

準備

- ●型に紙を敷いておく。
- ●鍋に湯を沸かし、蒸篭を
のせ、40〜45℃の温かい
状態にしておく。布巾を敷
いておく。
- ●クルミと甘栗は小さく割る。▶
- ●白神こだま酵母は、分量内のぬるま湯から10
cc程で溶かす（粉のまま使えるドライイーストは
材料Aの粉類に加えてよい）。

作り方

1. Aをボウルに入れて、ゴムベラで均一に混ぜ
る。イースト、ぬるま湯、米油を加えてよく混ぜ、
とろっとした状態までなめらかにする。クルミ
と甘栗を、飾り用に少し残して加え混ぜる。か
たいようなら、ぬるま湯を少し足す。

2. 型に流し入れ、蒸篭に入れる。30〜40分、型
の淵まで膨らんだ状態になるまで発酵させる。
   POINT 途中、蓋を開けて蒸篭の中が冷めてい
るようなら火をつけて沸かす。温まったら火を止
め、発酵を続ける。

3. 型の淵まで発酵したら、残した栗とクルミをの
せ、シナモン（分量外）をふる。火にかけ、そ
のまま20〜25分蒸す。
   POINT 竹串で刺し、生地がつかなければOK。
型から外して網の上におき、冷ます。

フライドオニオンパン

乾燥野菜のオニオン入り。
シンプルなおいしさ。

材料 パウンド型（縦15×横7.5×高さ6cm）

A ┌ 米粉……220g
　├ 甜菜糖……20g
　└ 塩……3g
ドライイースト…… 2.5〜3g
ぬるま湯（35〜40℃）……160cc+α
米油……大さじ1
フライドオニオン……大さじ3
ひまわりの種……適量

準備

●型に紙を敷いておく。

●鍋に湯を沸かし、蒸篭をのせ、40〜45℃の
　温かい状態にしておく。布巾を敷いておく。

●白神こだま酵母は、分量内のぬるま湯から
　10cc程で溶かす（粉のまま使えるドライイー
　ストは材料Aの粉類に加えてよい）。

作り方

❶ Aをボウルに入れて、ゴムベラで均一に混
　ぜる。イースト、ぬるま湯、米油を加えてよ
　く混ぜ、とろっとした状態までなめらかに
　する。フライドオニオンを加え、よく混ぜる。
　かたいようなら、ぬるま湯を少し足す。

❷ 型に流し入れ、蒸篭の中に入れる。30〜
　40分、型の淵まで膨らんだ状態になるま
　で発酵させる。
　POINT 途中、蓋を開けて蒸篭の中が冷めて
　いるようなら火をつけて沸かす。温まったら火
　を止め、発酵を続ける。

❸ 型の淵まで発酵したら、ひまわりの種をの
　せて火にかけ、そのまま25〜30分蒸す。
　POINT 竹串で刺して、生地がついてこなけ
　ればOK。

　型から外して網の上におき、冷ます。

材料	ボウル（直径15×高さ6cm）

A
- 米粉……220g
- 甜菜糖……20g
- 塩……3g
- オレガノパウダー……小さじ½
- ドライオレガノ……小さじ1

ドライイースト……2.5〜3g

ぬるま湯（35〜40℃）……160cc＋α

米油……大さじ1

枝豆（茹でたもの。冷凍可）……60g

フレッシュのオレガノ（適宜）……2枝

準備

- 型に紙を敷いておく。
- 鍋に湯を沸かし、蒸篭をのせ、40〜45℃の温かい状態にしておく。布巾を敷いておく。
- 枝豆は水気をよく拭く。冷凍の場合は解凍する。▶
- 白神こだま酵母は、分量内のぬるま湯から10cc程で溶かす（粉のまま使えるドライイーストは材料Aの粉類に加えてよい）。

作り方

❶ Aををボウルに入れて、ゴムベラで均一に混ぜる。イースト、ぬるま湯、米油を加えてよく混ぜ、とろっとした状態までなめらかにする。枝豆を入れ混ぜる。かたいようなら、ぬるま湯を少し足す。

❷ 型に流し入れ、蒸篭の中に入れる。30〜40分、型の淵まで膨らんだ状態になるまで発酵させる。

POINT 途中、蓋を開けて蒸篭の中が冷めているようなら火をつけて沸かす。温まったら火を止め、発酵を続ける。

❸ 型の淵まで発酵したら火にかけ、そのまま20〜25分蒸す。

POINT 竹串で刺して、生地がついてこなければOK。

型から外して網の上におき、あればオレガノの葉っぱを散らして冷ます。

枝豆のパン

ボウルで作るとカンパニュー形に。
枝豆の色が美しく、オレガノが香る。

フライドオニオンパンとマヨネーズソース

蒸し野菜を彩りよくのせたオープンサンドは誰か来る日のメニューに。

豆乳マヨネーズ

野菜の味を引き立てる
まろやかな酸味のマヨネーズ。

材料

米油……130g
米酢……25cc
豆乳……90cc
甜菜糖……15g
塩……5g

作り方

材料を容器に入れ、ブレンダーで
乳化するまでよく混ぜ合わせる。
冷蔵庫で2週間保存が可能。

蒸し野菜と豆乳マヨネーズ
オープンサンド

作り方

1. フライドオニオンパンに豆乳マヨネーズをぬる。
2. 蒸した野菜（ブロッコリー、にんじん、ビーツなど）とミニトマトをのせる。
3. 軽く塩、こしょうをふり、オリーブオイルをかけて、180℃のオーブンで5分程焼く。

ドライキノコのパン

香り豊かなポルチーニ入り。
オリーブオイルを付けてワインのお供に。

材料

耐熱ガラスカップ（直径5.6×高さ7cm）5個分
＊型のガラスカップは同サイズでなくてもOK。

A
- 米粉……220g
- 甜菜糖……20g
- 塩……3g

ドライイースト……2.5〜3g
ぬるま湯（35〜40℃）……150cc
ポルチーニの戻し汁……20cc
米油……大さじ1
乾燥ポルチーニ……12g
クルミ……15g

準備

- ●型に紙を敷いておく。
- ●鍋に湯を沸かし、蒸篭をのせ、40〜45℃の温かい状態にしておく。布巾を敷いておく。
- ●ポルチーニは戻してよく水気を切り、粗刻みにする。▶
- ●クルミはローストして粗く刻む。
- ●白神こだま酵母は、分量内のぬるま湯から10cc程で溶かす（粉のまま使えるドライイーストは材料Aの粉類に加えてよい）。

① Aをボウルに入れて、ゴムベラで均一に混ぜる。イースト、ぬるま湯、ポルチーニの戻し汁、米油を加えてよく混ぜ、とろっとした状態までなめらかにする。 ポルチーニ、クルミを飾り用に少し残し、加え混ぜる。かたいようなら、ぬるま湯を少し足す。

② 型に流し入れ、蒸篭に入れる。30〜40分、型の淵まで膨らんだ状態になるまで発酵させる。
POINT 途中、蓋を開けて蒸篭の中が冷めているようなら火をつけて沸かす。温まったら火を止め、発酵を続ける。

③ 型の淵まで発酵したら、残したポルチーニとクルミをのせて火にかける。20〜25分蒸す。
POINT 竹串で刺して、生地がついてこなければOK。
粗熱がとれたら型から出して網の上におき、冷ます。

マーブルコーヒーパン

プレーン生地にコーヒー生地をひと混ぜ。
2色のマーブルパンが完成。

材料

パウンド型（縦15×横7.5×高さ6㎝）

A ┌ 米粉……220g
  │ 甜菜糖……30g
  └ 塩……3g

ドライイースト……2.5〜3g
ぬるま湯（35〜40℃）……160cc＋α
米油……大さじ1
コーヒー粉……大さじ1
ヘーゼルナッツ……7〜8粒

[準備]

● 型に紙を敷いておく。

● 鍋に湯を沸かし、蒸篭をのせ、40
〜45℃の温かい状態にしておく。
布巾を敷いておく。

● ヘーゼルナッツは粗刻みにする。

● 白神こだま酵母は、分量内のぬ
るま湯から10cc程で溶かす（粉
のまま使えるドライイーストは材料
Aの粉類に加えてよい）。

[作り方]

① Aをボウルに入れて、ゴムベラで均一に混ぜる。イースト、米油、ぬるま湯
を加えてよく混ぜ、とろっとした状態までなめらかにする。かたいよう
なら、ぬるま湯を少し足す。生地の半量を別のボウルに入れ、コーヒ
ー粉を混ぜる。2つの生地を合わせ、軽くひと混ぜしてから型に流す。

② 蒸篭の中に入れ、30〜40分、型の淵まで膨らんだ状態になるまで
発酵させる。
POINT 途中、蓋を開けて蒸篭の中が冷めているようなら火をつけて沸か
す。温まったら火を止め、発酵を続ける。

③ 型の淵まで発酵したらヘーゼルナッツをのせる。火にかけ、そのまま
20〜25分蒸す。
POINT 竹串で刺して、生地がついてこなければOK。
型から外して網の上におき、冷ます。

ココアとイチジクのパン

ほろ苦チョコレートにドライイチジク。
大人のスイーツパン。

材料

プリン型
（直径7.5〔5〕×高さ4cm）6個分

A	米粉……200g
	ココアパウダー……20g
	甜菜糖……30g
	塩……3g

ドライイースト……2.5～3g
ぬるま湯（35～40℃）
　　　　……180cc＋α
米油……大さじ1
ドライイチジク……60g
チョコレート……適量

準備

- 型に紙を敷いておく。
- 鍋に湯を沸かし、蒸篭をのせ、40～45℃の温かい状態にしておく。布巾を敷いておく。
- ドライイチジクはやわらかく戻して1.5cm角に切る。

- チョコレートは粗く刻む。
- 白神こだま酵母は、分量内のぬるま湯から10cc程で溶かす（粉のまま使えるドライイーストは材料Aの粉類に加えてよい）。

作り方

1. Aをボウルに入れて、ゴムベラで均一に混ぜる。イースト、ぬるま湯、米油を加えてよく混ぜ、とろっとした状態までなめらかにする。ドライイチジクは飾り用に少量残して混ぜる。かたいようなら、ぬるま湯を少し足す。

2. 型に流し入れ、蒸篭の中に入れる。30～40分、型の淵まで膨らんだ状態になるまで発酵させる。
   POINT ▶ 途中、蓋を開けて蒸篭の中が冷めているようなら火をつけて沸かす。温まったら火を止め、発酵を続ける。

3. 型の淵まで発酵したらチョコレート、残したドライイチジクをのせる。火にかけ、そのまま20～25分蒸す。
   POINT ▶ 竹串で刺して、生地がついてこなければOK。

   型から外して網の上におき、冷ます。

クミンと香菜と豆のパン

香菜とクミンの香り。
エスニックな豆のパン

材料

プリン型
（直径7.5〔5〕×高さ4cm）6個分

A	米粉……220g
	甜菜糖……20g
	塩……2.5〜3g

ドライイースト……3g
ぬるま湯（35〜40℃）
　　　　……160cc＋α
米油……大さじ1
クミンシード
　　　……大さじ½＋飾り用
ひよこ豆（茹でたもの）……50g
香菜……1枝＋飾り用

準備

● 型に紙を敷いておく。

● 鍋に湯を沸かし、蒸篭をのせ、40〜45℃の温かい状態にしておく。
　布巾を敷いておく。

● ひよこ豆、香菜は粗く刻む。

● 白神こだま酵母は、分量内のぬるま湯から10cc程で溶かす（粉のまま使えるドライイーストは材料Aの粉類に加えてよい）。

作り方

1. Aをボウルに入れて、ゴムベラで均一に混ぜる。イースト、ぬるま湯、米油を加えてよく混ぜ、とろっとした状態までなめらかにする。クミンシード、ひよこ豆、香菜を混ぜる。かたいようなら、ぬるま湯を少し足す。

2. 型に流し入れ、蒸篭の中に入れる。30〜40分、型の淵まで膨らんだ状態になるまで発酵させる。
   POINT 途中、蓋を開けて蒸篭の中が冷めているようなら火をつけて沸かす。温まったら火を止め、発酵を続ける。

3. 型の淵まで発酵したら飾り用のクミンシードをのせ、そのまま20〜25分蒸す。蒸し上がりに香菜をのせる。
   POINT 竹串で刺して、生地がついてこなければOK。

   型から外して網の上におき、冷ます。

レモンと
ポピーシードのパン

ポピーシードとレモンのハーモニー。
香ばしくてさわやか。

材料 パウンド型（縦15×横7.5×高さ6cm）

A ┌ 米粉……220g
  │ 甜菜糖……30g
  └ 塩……3g
ドライイースト……2.5〜3g
ぬるま湯（35〜40℃）……160cc＋α
米油……大さじ1
ポピーシード……大さじ1
レモンの皮のすりおろし……1個分
レモンの皮の千切り……¼個分

準 備

●型に紙を敷いておく。

●鍋に湯を沸かし、蒸篭をのせ、40〜45℃の温か
　い状態にしておく。布巾を敷いておく。

●レモンの皮は1個分すりおろし、¼個分千切りに
　する。

●白神こだま酵母は、分量内のぬるま湯から10cc
　程で溶かす（粉のまま使えるドライイーストは材料
　Aの粉類に加えてよい）。

作 り 方

❶ Aをボウルに入れて、ゴムベラで均一に混ぜる。
　イースト、ぬるま湯、米油を加えてよく混ぜ、とろ
　っとした状態までなめらかにする。ポピーシード、
　レモンの皮のすりおろしを加え、よく混ぜる。か
　たいようなら、ぬるま湯を少し足す。

❷ 型に流し入れ、蒸篭に入れる。30〜40分、型の
　淵まで膨らんだ状態になるまで発酵させる。
　POINT 途中、蓋を開けて蒸篭の中が冷めているよ
　うなら火をつけて沸かす。温まったら火を止め、発
　酵を続ける。

❸ 型の淵まで発酵したら、レモンの皮の千切りを
　のせて火にかける。20〜25分蒸す。
　POINT 竹串で刺して、生地がついてこなければ
　OK。
　型から外して網の上におき、冷ます。

クランベリーと
赤ワインのパン

赤ワインのパンは華やかな色味でおしゃれ。
オレンジの皮を添えてどうぞ。

[材料]

耐熱ガラスカップ(直径5.6×高さ7cm)**5個分**
＊型のガラスカップは同サイズでなくてもOK。

A 米粉……220g
　甜菜糖……20g
　塩……3g
ドライイースト……2.5〜3g
赤ワイン……170cc＋α
米油……大さじ1
ドライクランベリー……40g
オレンジの皮……適量

[準備]

● 型に紙を敷いておく。

● 鍋に湯を沸かし、蒸篭をのせ、40〜45℃の温かい状態にしておく。布巾を敷いておく。

● クランベリーはお湯で戻し、よく水気を切り粗刻みにする。

● オレンジの皮は千切りにする。

● 白神こだま酵母は、35〜40℃のぬるま湯10cc程で溶かす（粉のまま使えるドライイーストは材料Aの粉類に加えてよい）。

[作り方]

① 赤ワインを小鍋に入れ、35〜40℃に温める。Aをボウルに入れて、ゴムベラで均一に混ぜ、イースト、温めた赤ワイン、米油を加える。よく混ぜ、とろっとした状態までなめらかにする。クランベリーを飾り用に少量残して混ぜる。かたいようなら、温めた赤ワインかぬるま湯（35〜40℃）を少し足す。

② 型に流し入れ、蒸篭の中に入れる。30〜40分、型の淵まで膨らんだ状態になるまで発酵させる。
POINT 途中、蓋を開けて蒸篭の中が冷めているようなら火をつけて沸かす。温まったら火を止め、発酵を続ける。

③ 型の淵まで発酵したら、残したクランベリーをのせて火にかける。20〜25分蒸す。粗熱がとれたら型から出し、千切りにしたオレンジの皮をのせる。
POINT 竹串で刺して、生地がついてこなければOK。
お好みで豆乳ヨーグルトクリーム（P.19）を添える。

干しエビと
フラックスシードのパン

シードと干しエビ。かみ締めるほどに
あじわい深くて。

材料

パウンド型（縦15×横7.5×高さ6cm）

A ┌ 米粉……220g
  │ 甜菜糖……20g
  └ 塩……3g

ドライイースト……2.5〜3g
ぬるま湯（35〜40℃）……180cc＋α
米油……大さじ1
干しエビ……5g
フラックスシード……大さじ½＋飾り用

準備

● 型に紙を敷いておく。

● 鍋に湯を沸かし、蒸篭をのせ、40〜45℃の温かい状態にしておく。布巾を敷いておく。

● 干しエビは細かく刻む。

● 白神こだま酵母は、分量内のぬるま湯から10cc程で溶かす（粉のまま使えるドライイーストは材料Aの粉類に加えてよい）。

作り方

❶ Aをボウルに入れて、ゴムベラで均一に混ぜる。イースト、ぬるま湯、米油を加えてよく混ぜ、とろっとした状態までなめらかにする。干しエビ、フラックスシードを入れ混ぜる。かたいようなら、ぬるま湯を少し足す。

❷ 型に流し入れ、蒸篭の中に入れる。30〜40分、型の淵まで膨らんだ状態になるまで発酵させる。

POINT 途中、蓋を開けて蒸篭の中が冷めているようなら火をつけて沸かす。温まったら火を止め、発酵を続ける。

❸ 型の淵まで発酵したら、飾り用のフラックスシードを上面全体にふりかけ、火にかける。そのまま20〜25分蒸す。

POINT 竹串で刺して、生地がついてこなければOK。

型から外して網の上におき、冷ます。

ネギとごまのパン

乾燥ネギとごま油の風味。
中華のおかずとあわせても。

材料 **スクエア型**（縦15×横15×高さ6cm）

A
- 米粉……330g
- 甜菜糖……30g
- 塩……4.5g

ドライイースト…… 4g
ぬるま湯（35〜40℃）……240cc＋α
ごま油……大さじ 1½
乾燥ネギ……大さじ 2＋飾り用
白ごま……大さじ 1＋飾り用

準備

- 型に紙を敷いておく。
- 鍋に湯を沸かし、蒸篭をのせ、40〜45℃の温かい状態にしておく。布巾を敷いておく。
- 白神こだま酵母は、分量内のぬるま湯から12cc程で溶かす（粉のまま使えるドライイーストは材料Aの粉類に加えてよい）。

作り方

1. Aをボウルに入れて、ゴムベラで均一に混ぜる。イースト、ぬるま湯、ごま油を加えてよく混ぜ、とろっとした状態までなめらかにする。乾燥ネギ、白ごまを混ぜる。かたいようなら、ぬるま湯を少し足す。

2. 型に流し入れ、蒸篭に入れる。30〜40分、型の淵まで膨らんだ状態になるまで発酵させる。
   POINT 途中、蓋を開けて蒸篭の中が冷めているようなら火をつけて沸かす。温まったら火を止め、発酵を続ける。

3. 型の淵まで発酵したら火にかけ、そのまま30〜40分蒸す。
   POINT 竹串で刺して、生地がついてこなければOK。
   型から外して網の上におき、飾り用の乾燥ネギと白ごまをふり、ラップをかけて冷ます。

海藻と松の実のパン

たっぷりの松の実も美味。
青のりが香る。

材料 **パウンド型**（縦15×横7.5×高さ6cm）

A
- 米粉……220g
- 甜菜糖……20g
- 塩……3g

ドライイースト…… 2.5〜3g
ぬるま湯（35〜40℃）……160cc＋α
米油……大さじ 1
乾燥わかめ……2g
青のり……小さじ 1
松の実……15g＋飾り用

準備

- 型に紙を敷いておく。
- 鍋に湯を沸かし、蒸篭をのせ、40〜45℃の温かい状態にしておく。布巾を敷いておく。
- わかめは戻して水気をしっかり拭き、粗く刻む。
- 松の実はローストする。
- 白神こだま酵母は、分量内のぬるま湯から10cc程で溶かす（粉のまま使えるドライイーストは材料Aの粉類に加えてよい）。

作り方

1. Aをボウルに入れて、ゴムベラで均一に混ぜる。イースト、ぬるま湯、米油を加えてよく混ぜ、とろっとした状態までなめらかにする。わかめ、青のり、松の実を加え、よく混ぜる。かたいようなら、ぬるま湯を少し足す。

2. 型に流し入れ、蒸篭に入れる。30〜40分、型の淵まで膨らんだ状態になるまで発酵させる。
   POINT 途中、蓋を開けて蒸篭の中が冷めているようなら火をつけて沸かす。温まったら火を止め、発酵を続ける。

3. 型の淵まで発酵したら火にかけ、飾り用の松の実をのせて火にかける。そのまま25〜30分蒸す。
   POINT 竹串で刺して、生地がついてこなければOK。
   型から外して網の上におき、冷ます。

ネギとごまのパン

海藻と松の実のパン

お好きなパンとディップソース

米粉パンには和のおかずもマッチ。焼き魚&ごまみその具はおすすめ。

ごまみそ

みそに白ごまペーストを加えたクリーミーなディップソース。

材料

合わせみそ……大さじ1
白ごまペースト……大さじ3
水……小さじ½
甜菜糖……小さじ1

作り方

すべての材料をよく混ぜ合わせる。冷蔵庫で1ヶ月保存が可能。

タマネギのマリネ

材料

タマネギ……½個

A
[米酢……50cc
  メープルシロップ……25cc
  塩……小さじ¼
  粒こしょう……2〜3粒]

作り方

タマネギは薄いくし形に切り、水にさらしてから、水気をよく拭く。
Aを鍋に入れて火にかけ、ひと煮立ちさせてマリネ液を作る。
タマネギとマリネ液を合わせる。冷蔵庫で2週間保存が可能。

ごまみそと
鯖のサンドイッチ

作り方

1. お好きなパン2枚の片面に、ごまみそをぬる。
2. 大葉、焼き鯖をのせる。
3. タマネギのマリネ、豆乳マヨネーズ（P.37）をのせ、もう一枚のパンでサンドする。

失敗しないために
知っておきたいこと
Q & A

米粉の選び方から、発酵や仕上がりまで、
米粉のパンとケーキ作りの疑問をご紹介します。

Q パン、ケーキ
それぞれに合った米粉を使わないとダメ?

A お米にもコシヒカリ、ササニシキと品種があるように、米粉にも種類があります。米粉のパンには、アミロース含有量が多くて粘り気の少ない米粉が向いているといわれています。パンが膨らまなかったり、ケーキの仕上がりがういろう菓子のようにねっちりとした生地になったりと、米粉の選び方をないがしろにすると、失敗につながります。パッケージに記載された用途を参考にパンには製パン用、ケーキには製菓用を購入して使いましょう。

Q 発酵が足りない、発酵しすぎ
原因はなんですか?

A 発酵の見極めは見た目での判断。生地がひと回り大きくなればOKです。なかなか膨らまないときは、庫内の温度を確認して、温度が適温より下がっていたら再度火をつけてください。温度が下がっていなければ、発酵時間を5分ずつのばしてみます。ただし、温度が高すぎるとイースト菌が死んで膨らまないことも。季節による気温の違いによっても発酵時間が変わります。30分〜1時間で発酵させるのが理想的です。

Q ふくらみがイマイチのパン。
どうしたらいい?

A 未発酵の場合は、生地が詰まって膨らみが弱くなり、過発酵になると、生地のキメが整わずやや大きめになって沈みます。食感などの違いはありますが、味は同じ。失敗したと思うパンもおいしく食べられます。また、パンを乾燥させ、フードプロセッサーにかけ、米粉のパン粉にしても。揚げ物の衣に、ハンバーグのつなぎにと、料理に再利用してはいかがでしょうか。保存袋に入れて冷凍しておくこともできます。

蒸す
米粉のケーキ

米粉と**豆乳**と**米油**と**甜菜糖**と。

ベーキングパウダーで膨らませる、米粉の蒸すケーキ。

バリエーションは無限大。

ナッツ、フルーツ、チョコなどを加えた**スイートタイプ**と、

塩味のある素材で仕上げた**ソルティタイプ**をご紹介します。

小豆のケーキ

あんこと甘納豆入り。シンプルな和ケーキ。

材料 丸型（直径15×高さ6cm）

A
- 米粉……100g
- 片栗粉……20g
- 甜菜糖……25g
- ベーキングパウダー……小さじ1
- 重曹……小さじ⅓
- 塩……ひとつまみ

B
- 豆乳……120cc
- あんこ（粒あん）
  ……100g
- 米油……大さじ1

甘納豆……適量

準備
- 型に紙を敷いておく。
- 鍋に湯を沸かし、蒸篭をのせる。

❶ **A**をボウルに入れて、ゴムベラで均一に混ぜる。（写真上）　**B**を泡立て器でよく混ぜ合わせる。（写真下）
POINT **B**はあんこに米油を入れて混ぜ、豆乳を少しずつ加えながら混ぜ合わせていくとよい。

❷ **A**に**B**を加えてよく混ぜ合わせる。
POINT なめらかになるまで混ぜる。

❸ 型に**❷**を流し入れ、甘納豆をのせる。

❹ 蒸気の上がった蒸篭に入れて30分蒸す。（写真上）
POINT 竹串で刺して、生地がついてこなければOK。

蒸し上がり後、型から外して網の上におき、冷ます。（写真下）

ドライパイナップルと
ココナッツのケーキ

パイナップルがさわやか。
ココナッツ風味のプチケーキ。

材料	耐熱ガラスカップ（直径6.5×高さ4cm）
	またはプリン型（直径7.5〔5〕×高さ4cm）6個分

A	米粉……100g
	アーモンドプードル……20g
	片栗粉……20g
	甜菜糖……30g
	ココナッツファイン……20g
	ベーキングパウダー……小さじ 1½
	塩……ひとつまみ
B	豆乳……120cc
	メープルシロップ……大さじ 2
	米油……大さじ 1
ドライパイナップル……25g	
飾り用のココナッツファイン……適量	

準 備

- 型に紙を敷いておく。
- 鍋に湯を沸かし、蒸篭をのせる。
- ドライパイナップルはお湯で戻して水気をよく拭き（▼）、粗刻みにする。

作 り 方

1. Aをボウルに入れて、ゴムベラで均一に混ぜる。 Bを泡立て器でよく混ぜ合わせる。

2. AにBを加えてよく混ぜ合わせ、パイナップルを飾り用に少量残して、加え混ぜる。

3. 型に 2 を流し入れ、残したパイナップル、飾り用のココナッツファインをのせる。

4. 蒸気の上がった蒸篭に入れて20分蒸す。
   POINT 竹串で刺して、生地がついてこなければOK。

   粗熱がとれたら、型から外して網の上におき、冷ます。

カボチャのケーキ

カボチャの黄色が鮮やか。
やわらかなレーズンがほどよく甘みづけに。

材料

スクエア型（縦12×横12×高さ6cm）

A
- 米粉……100g
- 片栗粉……20g
- 甜菜糖……20g
- ベーキングパウダー
　　　　……小さじ 1½
- 塩……ひとつまみ

B
- 豆乳……120cc
- メープルシロップ……大さじ 1
- 米油……大さじ 1

カボチャ……120g
レーズン……15g

準備

- 型に紙を敷いておく。
- 鍋に湯を沸かし、蒸篭をのせる。
- レーズンはお湯で戻して水気をよく拭く。
- カボチャは蒸して、30g分は1.5cm角に切る。残りは黄色い部分と皮をわけ、皮は1.5cm角に切る。▼

作り方

① Aをボウルに入れて、ゴムベラで均一に混ぜる。Bとカボチャの黄色い部分を合わせてミキサーで撹拌する。

② Aに①でカボチャと撹拌したBを加えてよく混ぜ合わせる。レーズンと、1.5cm角に切ったカボチャを少量残して、加えて混ぜる。

③ 型に②を流し入れ、残したカボチャをのせる。

④ 蒸気の上がった蒸篭に入れて30分蒸す。
POINT 竹串で刺して、生地がついてこなければOK。
型から外して網の上におき、冷ます。

りんごのケーキ

りんご煮をデコレーション。
大人も子どもも大好きな味。

材料

スクエア型（縦12×横12×高さ6cm）

A
- 米粉……100g
- アーモンドプードル……10g
- 片栗粉……30g
- 黒糖……35g
- ベーキングパウダー……小さじ1
- 重曹……小さじ 1/3

B
- 豆乳……120cc
- メープルシロップ……大さじ1
- 米油……大さじ1

りんご……1/4個
クルミ……15g

準備

- 型に紙を敷いておく。
- 鍋に湯を沸かし、蒸篭をのせる。
- クルミはローストして粗刻みにする。
- りんごは芯をとり、縦4等分に切り、半分に切る（▼）。鍋にりんごとひたひたの水を入れて火にかけ、透明になるまで火を入れる。そのまま冷まし、りんごを取り出して水気をよく拭く。

作り方

1. Aをボウルに入れて、ゴムベラで均一に混ぜる。Bは泡立て器でよく混ぜる。

2. AのボウルにBを入れてよく混ぜ、クルミを飾り用に少し残して混ぜる。

3. 型に流し入れ、りんごをのせ、残したクルミものせる。蒸気の上がった蒸篭に入れて30〜35分蒸す。
   POINT 竹串で刺して、生地がついてこなければOK。

型から外して網の上におき、冷まます。

ピーナッツバターと
ココアのケーキ

ピーナッツバター入りの生地とココア生地。
二層の生地が魅力的。

材料

パウンド型（縦15×横7.5×高さ6cm）

A
- 米粉……100g
- アーモンドプードル……15g
- 片栗粉……20g
- 甜菜糖……35g
- ベーキングパウダー……小さじ 1½
- 塩……ひとつまみ

B
- 豆乳……160cc
- ピーナッツバター（クランチタイプ）……80g
- メープルシロップ……大さじ 1

ココアパウダー……大さじ 1
チョコチップ……小さじ 2
飾り用のピーナッツ、チョコチップ……適量

準 備

● 型に紙を敷いておく。

● 鍋に湯を沸かし、蒸篭をのせる。

作り方

① Aをボウルに入れて、ゴムベラで均一に混ぜる。Bを泡立て器でよく混ぜ合わせる。▶
POINT Bはピーナッツバターに米油を入れて混ぜ、豆乳を少し加えながら混ぜ合わせていくとよい。

② AのボウルにBを入れてよく混ぜる。生地250gを型に流し入れる。

③ 残りの生地にココアパウダー、チョコチップを混ぜて型に流し入れ、飾り用のピーナッツとチョコチップをのせる。▶

④ 蒸気の上がった蒸篭に入れて30〜35分蒸す。
POINT 竹串で刺して、生地がついてこなければOK。
型から外して網の上におき、冷ます。

ジャスミンティーと
クコの実のケーキ

茶葉入りの生地にクコの実を混ぜて。
型はミニ蒸篭を使用。

材料

蒸篭(直径13×高さ6cm)
または**丸型**(直径13×高さ6cm)

A
- 米粉……100g
- 片栗粉……20g
- 甜菜糖……30g
- ベーキングパウダー
　　　　　……小さじ1½
- ジャスミン茶葉(すり鉢で擦る)
　　　　　……大さじ1
- 塩……ひとつまみ

B
- 豆乳……120cc
- メープルシロップ……大さじ1
- 米油……大さじ1

クコの実……15g

準備

- 蒸篭に紙を少しはみ出させて敷いておく。丸型の場合は紙を敷く。
- 鍋に湯を沸かし、蒸篭をのせる。
- クコの実はお湯で戻して水気をよく拭く。▼

作り方

❶ Aをボウルに入れて、ゴムベラで均一に混ぜる。Bは泡立て器でよく混ぜる。

❷ AにBを合わせ、クコの実を飾り用として少量残して入れ、よく混ぜる。

❸ 型に流し入れ、残したクコの実をのせて、蒸気の上がった蒸篭に入れて25〜30分蒸す。
　POINT 竹串で刺して、生地がついてこなければOK。

型から外して網の上におき、冷ます。

バナナと
カカオニブのケーキ

甘いバナナにカカオ豆が香るケーキ。
豆腐クリームを添えても。

| 材料 | 丸型（直径12×高さ6cm）

A
| 米粉……100g
| 片栗粉……20g
| 甜菜糖……20g
| ベーキングパウダー……小さじ1
| 重曹………小さじ¼
| カカオニブ……大さじ2

B
| バナナ（熟したもの）……70g
| 豆乳……100cc
| 米油……大さじ1

飾り用のバナナ……⅓本

| 準 備 |

● 型に紙を敷いておく。

● 鍋に湯を沸かし、蒸篭をのせる。

● 飾り用バナナは薄い輪切りにする。

| 作り方 |

❶ Aをボウルに入れて、ゴムベラで均一に混ぜる。Bのバナナを軽くつぶし、他も入れて泡立て器でよく混ぜる。

❷ AにBを入れてよく混ぜる。

❸ 型に流し入れ、飾り用のバナナをのせ、蒸気の上がった蒸篭に入れて30分蒸す。

POINT 竹串で刺して、生地がついてこなければOK。

型から外して網の上におき、冷ます。お好みで豆腐バニラクリームを添える。

豆腐バニラクリーム

| 材料 | 作りやすい分量

木綿豆腐……½丁
バニラビーンズ（ナイフで種をこそげ取っておく）……1～2cm
メープルシロップ……大さじ2～3
塩……ひとつまみ

| 作り方 |

1. 鍋に湯を沸かし、豆腐を入れる。豆腐が少し揺れる程度の火加減で5分加熱する。ザルにあげ、重石をして30～60分湯切りをする。豆腐の重さの2割ほど水切りができればOK。

2. 1とバニラビーンズの種、メープルシロップの⅔量、塩をブレンダーで攪拌する。ブレンダーが回りづらかったら、残りのメープルシロップや豆乳適量を足し、つやがあるなめらかなクリーム状にする。冷蔵庫で3～4日保存可。

抹茶と
うぐいす豆の
ケーキ

見栄えよし、味よし、
美しいうぐいす色の
ケーキに舌鼓。

パウンド型（縦15×横7.5×高さ6cm）

A
- 米粉……100g
- アーモンドプードル……20g
- 片栗粉……20g
- 甜菜糖……30g
- 抹茶……大さじ1
- ベーキングパウダー……小さじ1½

B
- 豆乳……120cc
- メープルシロップ……大さじ1
- 米油……大さじ1

うぐいす豆（甘納豆）……70g

準備

● 型に紙を敷いておく。

● 鍋に湯を沸かし、蒸篭をのせる。

作り方

① Aをボウルに入れて、ゴムベラで均一に混ぜる。 Bを泡立て器でよく混ぜ合わせる。

② AにBを入れてよく混ぜ、うぐいす豆を加えて混ぜる。

③ 型に流し入れ、蒸気の上がった蒸篭で30〜35分蒸す。
   POINT 竹串で刺して、生地がついてこなければOK。
   型から外して網の上におき、冷ます。

69

チョコと
ジンジャーのケーキ

ジンジャーの砂糖漬けをプラス。
大人っぽいチョコ味。

パウンド型（縦15×横7.5×高さ6cm）

A
- 米粉……110g
- アーモンドプードル……20g
- 片栗粉……20g
- 甜菜糖……25g
- ベーキングパウダー……小さじ1
- 塩……ひとつまみ

B
- 豆乳……120cc
- メープルシロップ……大さじ1
- 米油……大さじ1

チョコレート……15g
ショウガの砂糖漬け……10g

準備

- 型に紙を敷いておく。
- 鍋に湯を沸かし、蒸篭をのせる。
- チョコレート、ショウガの砂糖漬けは細かく刻む。

作り方

❶ Aをボウルに入れて、ゴムベラで均一に混ぜる。Bは泡立て器でよく混ぜる。

❷ AのボウルにBを入れてよく混ぜる。チョコレート、ショウガの砂糖漬けを飾り用に少し残して加え混ぜる。

❸ 型に流し入れ、残したチョコレート、ショウガの砂糖漬けをのせる。蒸気の上がった蒸篭に入れて30〜35分蒸す。
　POINT 竹串で刺して、生地がついてこなければOK。
型から外して網の上におき、冷ます。

黒ごまのケーキ

栄養豊富なごま。
存在感のある黒いケーキ。

材料

耐熱ガラスカップ（直径5.6×高さ7cm）4個分
＊型のガラスカップは同サイズでなくてもOK。

A
- 米粉……100g
- 片栗粉……20g
- 甜菜糖……30g
- ベーキングパウダー……小さじ1
- 白ごま……大さじ1
- 塩……ひとつまみ

B
- 豆乳……120cc
- 黒ごまペースト……40g
- メープルシロップ……大さじ1

黒ごま、白ごま……各適量

準備

● 型に紙を敷いておく。

● 鍋に湯を沸かし、蒸篭をのせる。

作り方

① Aをボウルに入れて、ゴムベラで均一に混ぜる。 Bは泡立て器でよく混ぜ合わせる。
   POINT Bは黒ごまペーストに豆乳を少しずつ加えながら混ぜ合わせていくとよい。

② AにBを加えてよく混ぜ合わる。

③ 型に流し入れ、黒ごま、白ごまをのせ、蒸気の上がった蒸篭に入れて20〜25分蒸す。
   POINT 竹串で刺して、生地がついてこなければOK。
   粗熱がとれたら、型から外して網の上におき、冷ます。

アプリコットとスパイスのケーキ

スパイシーな生地の中にアプリコットを丸ごと入れて。

材料

プリン型（直径7.5〔5〕×高さ4cm）4個分

A
- 米粉……100g
- 片栗粉……20g
- 甜菜糖……30g
- ベーキングパウダー……小さじ1
- カルダモンパウダー……小さじ⅓
- シナモンパウダー……小さじ¼

B
- 豆乳……100cc
- メープルシロップ……大さじ2
- 米油……大さじ1

ドライアプリコット……4個

アーモンドダイス……適量

準備

● 型に紙を敷いておく。

● 鍋に湯を沸かし、蒸篭をのせる。

● ドライアプリコットは、かためのものはお湯で戻してよく水気を拭く。やわらかいものはそのまま使う。

作り方

❶ Aをボウルに入れて、ゴムベラで均一に混ぜる。Bは泡立て器でよく混ぜる。

❷ AのボウルにBを入れてよく混ぜる。

❸ 型に流し入れ、アプリコットを1個ずつとアーモンドダイスを適量のせ、蒸気の上がった蒸篭に入れて25〜30分蒸す。
POINT 竹串で刺して、生地がついてこなければOK。
型から外して網の上におき、冷ます。

ドライトマトとレーズンのケーキ

甘じょっぱくてふわふわ。朝食にもぴったり。

材料

スクエア型（縦12×横12×高さ6cm）

A
- 米粉……100g
- アーモンドプードル……10g
- 片栗粉……20g
- 甜菜糖……20g
- 塩……小さじ ½
- ヘンプシード……大さじ 1
- ベーキングパウダー……小さじ 1
- 重曹……小さじ ¼

B
- 豆乳……120cc
- メープルシロップ……大さじ 1
- 米油……大さじ 1

ドライトマト……12g
レーズン……15g
ヘンプシード（麻の実ナッツ）……適量

準備

● 型に紙を敷いておく。

● 鍋に湯を沸かし、蒸篭をのせる。

● レーズンは戻して水気をよく拭く。

● ドライトマトは戻して水気をよく拭き、
粗刻みにする。

作り方

❶ Aをボウルに入れて、ゴムベラで均
一に混ぜる。Bは泡立て器でよく混
ぜる。

❷ AにBを加えてよく混ぜ合わせ、ド
ライトマトとレーズンを入れ混ぜる。

❸ 型に流し入れ、ヘンプシードをのせ、
蒸気の上がった蒸篭に入れて30〜
35分蒸す。

POINT 竹串で刺して、生地がついて
こなければOK。

型から外して網の上におき、冷ます。

オリーブとタイムのケーキ

ワインといただく？ 飲み物のマッチングも楽しみのひとつ。

材料 丸型（直径12×高さ6cm）

A
- 米粉……100g
- 片栗粉……20g
- 甜菜糖……20g
- 塩……小さじ ½
- ベーキングパウダー……小さじ 1½

B
- 豆乳……120cc
- メープルシロップ……大さじ 1
- 米油……大さじ 1

オリーブ（黒、緑）……30g
タイム……小さじ 2

準備

● 型に紙を敷いておく。

● 鍋に湯を沸かし、蒸篭をのせる。

● オリーブは水分をよく拭いて、粗刻みにする。

作り方

❶ Aをボウルに入れて、ゴムベラで均一に混ぜる。Bは泡立て器でよく混ぜる。

❷ AのボウルにBを入れてよく混ぜ、タイム、オリーブの半量を加えて混ぜる。

❸ 型に流し入れ、残りのオリーブをのせ、蒸気の上がった蒸篭に入れて30分蒸す。
POINT 竹串で刺して、生地がついてこなければOK。
型から外して網の上におき、冷ます。

ピスタチオと
黒こしょうのケーキ

黒こしょうをピリッと効かせた
ソルティな蒸しケーキ。

材料

パウンド型（縦15×横7.5×高さ6cm）

A ┌ 米粉……100g
  │ 片栗粉……20g
  │ 甜菜糖……20g
  │ 塩……小さじ ½
  │ 黒こしょう……小さじ ½
  └ ベーキングパウダー……小さじ 1

B ┌ 豆乳……120cc
  │ メープルシロップ……大さじ 1
  └ 米油……大さじ 1

ピスタチオ……20g

準備

● 型に紙を敷いておく。

● 鍋に湯を沸かし、蒸篭をのせる。

● ピスタチオは大きめの粗刻みにする。

作り方

❶ Aをボウルに入れて、ゴムベラで均一に混ぜる。Bは泡立て器で
よく混ぜる。

❷ AのボウルにBを入れてよく混ぜ、ピスタチオも加えて混ぜる。

❸ 型に流し入れ、蒸気の上がった蒸篭に入れて20〜25分蒸す。
POINT 竹串で刺して、生地がついてこなければOK。

型から外して網の上におき、冷ます。

トマトとキャラウェイの
ケーキ

オレンジ色が鮮やか。
キャラウェイの香りもさわやか。

材料

プリン型（直径7.5〔5〕×高さ4cm）4個分

A
- 米粉……100g
- アーモンドプードル……20g
- 片栗粉……20g
- 甜菜糖……20g
- 塩……小さじ ½
- ベーキングパウダー……小さじ 1
- 重曹……小さじ ¼
- キャラウェイシード*……小さじ 2 ▶

B
- トマトジュース……120g
- 米油……大さじ 2

カシューナッツ……8粒

※セリ科の植物のスパイス。さわやかな香りと
ほのかな甘みを合わせ持つ。

準備

- 型に紙を敷いておく。
- 鍋に湯を沸かし、蒸篭をのせる。
- カシューナッツは半分に割る。

作り方

① Aをボウルに入れて、ゴムベラで均一に混ぜる。Bは泡立て器でよく混ぜる。

② AのボウルにBを入れてよく混ぜる。

③ 型に流し入れ、カシューナッツひとつ分を生地に入れ込む。もうひとつ分は上にのせる。蒸気の上がった蒸篭に入れて20〜25分蒸す。
POINT 竹串で刺して、生地がついてこなければOK。
型から外して網の上におき、冷ます。

今井ようこ　Yoko Imai

製菓学校を卒業した後、（株）サザビーリーグに入社、アフタヌーンティー・ティールームの商品企画・開発を担当。その後、独立。現在は商品開発やメニュー開発、パンやケーキの受注を行うほか、マクロビオティックをベースにした料理教室「roof」を主宰。著書に『ふんわり、しっとり 至福の米粉スイーツ』（家の光協会）、『まいにち食べたいヴィーガンスイーツ 卵・乳製品・白砂糖を使わない 体にやさしいおやつ』（エムディエヌコーポレーション）など。

https://www.roof-kitchen.jp/
instagram：@arameroof

蒸すからおいしい
米粉のパンとケーキ
小麦粉、卵、乳製品、白砂糖なし

2023年10月5日　初版第1刷発行

著者　　今井ようこ
発行人　川崎深雪
発行所　株式会社　山と溪谷社
　　　　〒101-0051
　　　　東京都千代田区神田神保町
　　　　1丁目105番地
　　　　https://www.yamakei.co.jp/

乱丁・落丁、及び内容に関するお問合せ先
山と溪谷社自動応答サービス
TEL.03-6744-1900
受付時間／11：00-16：00（土日、祝日を除く）
メールもご利用ください。
【乱丁・落丁】service@yamakei.co.jp
【内容】info@yamakei.co.jp

書店・取次様からのご注文先
山と溪谷社受注センター
TEL.048-458-3455
FAX.048-421-0513

書店・取次様からのご注文以外のお問合せ先
eigyo@yamakei.co.jp

印刷・製本　図書印刷株式会社

デザイン　　山下喜恵子（SANKAKUSHA）
　　　　　　舎川玲美（SANKAKUSHA）
撮影　　　　木村拓
スタイリング　駒井京子
編集　　　　鈴木聖世美（hbon）
　　　　　　小山内直子（山と溪谷社）

材料協力　　cotta（コッタ）
　　　　　　https://www.cotta.jp/
撮影協力　　UTUWA